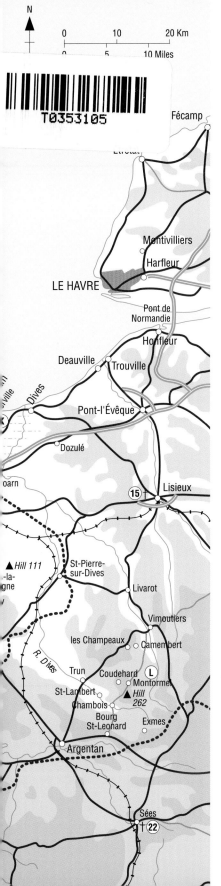

# D-DAY UND DIE NORMANDIE-INVASION 1944

Nach Evakuierung des britischen Expeditionskorps 1940 aus Dünkirchen, was Frankreich und Nordeuropa fest in Händen der Deutschen beließ, stellte Winston Churchill zur Vorbereitung auf eine Invasion des europäischen Festlands einen Combined Operations Staff zusammen. Vier Jahre später sollte dies in einem Unternehmen gipfeln, das in der Kriegsgeschichte hinsichtlich Komplexität und Koordination ohnegleichen dastand und für den Sieg über Hitler ausschlaggebend war.

Hitler war bemüht, die von ihm eroberten Gebiete abzusichern. Dazu berief er 1942 Feldmarschall von Rundstedt wieder aus dem Ruhestand, um das Oberkommando zu übernehmen. Die mißglückten Landungsversuche der Alliierten an der feindlichen Küste und deren Überfall auf Dieppe im August desselben Jahres verleiteten die Deutschen zu der irrigen Annahme, daß massive Küstenbefestigungen eine Invasion verhindern könnten. Also wurde am Atlantikwall der sich von den Niederlanden bis zur Bretagne erstrecken sollte, fleißig weitergebaut.

Die Opfer der kanadischen Truppen beim Überfall auf Dieppe, von denen weniger als ein Drittel nach England zurückkehrten, waren aber nicht umsonst gewesen, denn die Alliierten hatten dabei eine wichtige Lektion gelernt. Nicht nur was die Versorgung der Invasionstruppen betraf, sondern vor allem, daß der frontale Angriff eines Hafens wie Dieppe einem Selbstmord gleichkam. Aus dieser Erkenntnis heraus kristallisierte sich der Entschluß, "den Hafen eben mitzubringen", d.h. künstliche Häfen zu bauen und Verteidigungsanlagen auf diese Weise zu umgehen.

Grundlegend für den Erfolg war die Wahl des Invasionsgeländes. Ideal dafür erschien der Pas-de-Calais aufgrund der kurzen Seestrecke, des direkten Zugangs zum deutschen Kernland und der Proximität der englischen Luftstützpunkte. Hier errichteten die Deutschen dann auch ihre massivsten Befestigungen, denn von der Operation FORTITUDE verwirrt, glaubten sie, im Südosten Englands stünde eine riesige Armee zum Einsatz bereit. Noch Wochen nach dem D-Day stand die

**UNTEN: Amerikanische Truppen warten auf den Einsatz in Frankreich. Die in den Süden und Südwesten Englands verfrachteten Ausrüstungen waren echt, aber die Panzer- und Lkw-Attrappen im Südosten führten zur Annahme, daß die Invasion für den Pas-de-Calais geplant sei. (IWM)**

**OBEN RECHTS: Die Wandstickerei im D-Day-Museum in Portsmouth zeigt König Georg VI. mit, von links nach rechts, General Eisenhower, Oberbefehlshaber der alliierten Invasionstruppen, General Sir Bernard L. Montgomery, Oberbefehlshaber der britischen Invasionstruppen, Feldmarschal Sir Alan Brooke und Premierminister Winston S. Churchill. Die Darstellung erinnert an drei wichtige Besuche: den von Churchill und Brooke am 12. Juni, von Eisenhower am 15. Juni und den des Königs am 16. Juni.**

**RECHTS: Der alliierten Oberbefehlshaber General Dwight Eisenhower. (NA)**

**UNTEN: Generalfeldmarschall Erwin Rommel (rechts), Befehlshaber der Armeegruppe B, die den Alliierten gegenüberstand, und Oberbefehlshaber West, Generalfeldmarschall Gerd von Rundstedt (links). Sie in zunehmendem Maße durch Hitlers Mißtrauen und Eingreifen behindert. (B)**

Hälfte der deutschen Truppen für die "echte" Invasion in Bereitschaft.

Die Militärplaner sammelten alle möglichen Informationen über das echte Ziel, nämlich den normannischen Küstenstreifen zwischen Caen und der Halbinsel Cotentin, sowie das falsche Ziel. Dann wurden in ganz England die Truppen unter dem Oberkommando des Oberbefehlshabers der alliierten Invasionstruppen, General Dwight D. Eisenhower, zusammengezogen: 20 amerikanische Divisionen, 14 britische und drei kanadische, je eine aus Polen und Frankreich, dazu nahezu 8.000 Flugzeuge, über 4.000 Landungsboote und an die 300 Kriegsschiffe, insgesamt 2.876.439 Soldaten.

Nach den Plänen des Oberbefehlshabers der britischen Invasionstruppen, General Sir Bernard Montgomery, für Operation OVERLORD sollte die östliche Flanke entlang der Orne, einschließlich Caen und Falaise, in den ersten drei Wochen des Feldzugs durch britische, kanadische, französische und polnische Truppen abgesichert und gleichzeitig die Halbinsel Cotentin von den amerikanischen Truppen unter Generalleutnant Omar Bradley eingenommen und Cherbourg als Versorgungshafen befreit werden. Durch das Vordringen der amerikanischen Truppen bis zur Loire entstünde eine Nord-Süd-Front, die dann gegen Osten auf Paris und die Seine marschieren könnte.

Alles verlief jedoch ganz anders. Die deutsche Verteidigung unter Feldmarschall Erwin Rommel, getrieben von Hitlers unrealer Politik des Nichtnachgebens, führte zu einem Zermürbungskrieg, der in seiner Art an die schrecklichen Kämpfe des Ersten Weltkriegs erinnerte. Und was Montgomery dabei immer vor Augen stand war die Tatsache, daß die britische Armee über keine weiteren Reserven mehr verfügte.

**OBEN: Wochenmarkt in Sainte-Mère-Eglise. Ein Bild des Friedens, überschattet von der Erinnerung an die dramatischen Ereignisse in den frühen Morgenstunden des 6. Juni 1944 – vom Kirchturm hängt die Nachbildung eines amerikanischen Fallschirmspringers.**

Das Städtchen Sainte-Mère-Eglise liegt auf einem Höhenzug, dem entlang die Hauptstraße von Cherbourg nach Carentan führt. Östlich davon erstrecken sich hinter den Dünen die Salzmarschen und westlich davon liegt das Tal des Merderet-Flusses, der in die Douve mündet. Da Marschen und Flußtal von den Deutschen überschwemmt worden waren, mußten der Höhenzug und die Dämme in den Marschen zuerst abgesichert werden, bevor die Truppen von Utah Beach aus an Land gehen und dann weiter ins Landesinnere vordringen konnten. Kurz nach 1.30 h früh am 6. Juni begannen die Soldaten der 82. und 101. Division der Amerikaner mit der Landung.

Flugzeuge und Transportsegler flogen aus der Richtung der Kanalinseln durch eine dicke Wolkendecke gegen Osten. Schweres Flakfeuer und Flugabwehrraketen sowie schlechte Sicht und die Angst vor einem Überfliegen der Landezone hatten zur Folge, daß die Truppen über einem zu breiten Raum absprangen. Ohne auch nur einen Schuß abgefeuert zu haben, ertranken viele in den Marschen und im Meer.

Das 505. Fallschirm-Infantrie-Regiment der 82. Division sprang nicht nur um, sondern auch direkt in Sainte-Mère-Eglise ab. Dabei wurden viele der Fallschirmjäger erschossen. Einer von ihnen, John Steele, verfing sich am Kirchturm und stellte sich tot, um sein Leben zu retten. Seinen Kameraden, die im Westen des Orts sicher gelandet waren, gelang es, sich in die Stadt einzuschleichen und diese bis 4.30h von den Deutschen zu befreien.

Mit Hilfe kleiner Spielzeuggrillen, die sie im Dunkeln zur Erkennung zirpen ließen, konnten sich die weit verstreuten Truppen schließlich zu Einheiten formieren und den Feind angreifen. Der Überraschungseffekt war nahezu total geglückt.

Weiter südlich und etwas näher an der Küste, unweit von Sainte-Marie-du-Mont, waren die Fallschirmjäger noch weiter verstreut. Es dauerte einige Zeit, bis General Maxwell Taylor genügend Männer aus seiner 101. Division beisammen hatte, um die Dämme, die ins Landesinnere führten, absichern zu können. Trotz aller Schwierigkeiten wurden die Landungen schließlich erfolgreich abgeschlossen.

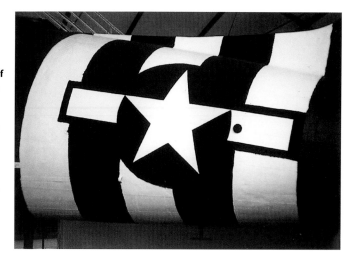

**LINKS: Ausschnitt aus einem der Gedenkfenster in der Kirche.**

**RECHTS: Die breiten weißen Streifen, die auf den Schleppflugzeugen der Lastensegler zusätzlich zu den üblichen Markierungen angebracht wurden, sollten die Erkennung durch alliierte Kampfflugzeuge erleichtern. Dieses flugzeug ist Teil der eindrucksvollen Ausstellung im Airbourne Museum in Sainte-Mère-Eglise.**

## "Hobart's Funnies"

Eine besonders wichtige Rolle kamen bei den Seelandungen am D-Day den speziell modifizierten Panzern zu. Die nach Anleitung von Generalmajor Sir Percy Hobart erbauten Fahrzeuge erhielten den Beinamen "Hobart's Funnies". Dazu gehörten "Crabs" mit Flegeln zum Explodieren von Minen,

"Crocodiles", die als mobile Flammenwerfer fungierten, "Petards" mit 290 mm-Mörsern zum Beschuß der Befestigungen mit 18 kg schweren Projektilen und Armoured Vehicle Royal Engineers (AVRE), die u.a. zum Brückenschlagen verwendet wurden und mit riesigen Holzbündeln zum Auffüllen von Panzerfallen (s.S. 15) ausgestattet waren. Ganz bemerkenswert waren die "D-Ds" (Duplex Drive M4 Sherman Tanks) mit Propellern, die auch schwimmen konnten. Dazu war an den Panzern eine Schürze aus Segeltuch angebracht, die von 36 aufgeblasenen Luftschläuchen angehoben und dann mit einem Metallrahmen befestigt wurde. Das große Bild zeigt D-Ds bei einem Manöver. Einer der Panzer ist vom Segeltuchkörper völlig umgeben, während er bei den anderen schon herabgelassen wurde. Auf dem kleinen Bild wird ein D-D ins Wasser gesetzt. Es ist ganz offensichtlich, daß das Fahrzeug schon bei etwas höherem Seegang sofort überspült würde, sobald es das Ende der Rampe erreichte. Dabei kamen in den Stürmen Anfang Juni viele Soldaten ums Leben.

**(Bilder mit freundlicher Genehmigung von The Tank Museum)**

**RECHTS: Amerikanische Truppen landen auf Utah Beach. Der Widerstand der Deutschen war gering und bald überwunden, das Wetter gut. Doch diesen günstigen Umständen sollten bald Kämpfe folgen, die die GIs auf eine extrem harte Probe stellten. (TM)**

**OBEN: Die Straßen zur Küste tragen heute die Namen derer, die ihr Leben für die Befreiung des Landes gaben.**

**GEGENÜBER, OBEN: Die Ruine eines Blockbunkers auf den Dünen unweit vom geplanten Landeplatz auf Utah Beach. Der Großteil der Truppen ging schließlich weiter südlich an Land. Hinter den Dünen liegt sumpfiges Marschland, das von Kanälen durchzogen und einigen Dämmen durchquert wird. Den Luftlandetruppen gelang es, dieses Gelände plangemäß abzusichern, so daß die Truppen ins Landesinnere vordringen konnten.**

Das Wetter war in der ersten Juniwoche von 1944 so schlecht, daß man im Deutschen Oberkommando von der Unmöglichkeit einer Invasion überzeugt war. Diese war auch wirklich um 24 Stunden verzögert worden, bis General Eisenhower schließlich das Kommando zum Angriff gab. Kurz vor Dämmerung am Morgen des 6. Juni wurden die deutschen Soldaten an der Utah Beach durch ein massives Bombardement, das von den Begleitschiffen der Invasionstruppen ausging, in Alarmbereitschaft versetzt. Die Landeboote, die hier vom Land vor der stürmischen See geschützt waren, konnten sich zwei Stunden lang unbemerkt die 18 km bis zu ihrem Ziel anschleichen. Die Verteidiger waren von der Vielzahl der anrückenden Fahrzeuge völlig überrascht und die Truppen in den Landebooten, von denen viele zum ersten Mal in ihrem Leben im Kriegseinsatz standen, waren vom schwachen feindlichen Gegenfeuer durchaus ermutigt. Die erwarteten Stuka der Luftwaffe blieben aus, der Himmel war leer. Auch hier wie anderswo taten die Deutschen nur wenig, um den Alliierten die Oberherrschaft über den Luftraum streitig zu machen.

Brigadekommandeur Theodore Roosevelt Jr wurde bald klar, daß die Flut die landenden Truppen gegen Süden abtrieb und er rief zur Eile. Dadurch ergab sich jedoch der glückliche Zufall, daß gerade jener Teil der Küste bedeutend weniger stark befestigt war, als der geplante Landepunkt. So ging die Landung rasch vor sich und die amerikanischen Truppen waren mit ihren Fahrzeugen bald unterwegs ins Landesinnere. Unterdessen trugen sich die schweren Geschütze der Deutschen in Crisbecq ein Duell mit der Marine aus. Am Tagesende waren über 23.000 Soldaten an Land gegangen und etwa 200 Opfer zu melden.

Eine echte Gefahr für Utah Beach und Omaha Beach sowie die Invasionsflotte stellte die sechsgeschützige Batterie der Deutschen am Pointe du Hoc dar. Das 2. Ranger-Bataillon der Amerikaner unter Oberstleutnant James E. Rudder wurde beauftragt, die Batterie außer Kraft zu setzen. Pointe du Hoc ist eine von zwei ins Meer steil vorspringenden Klippen südwestlich von Omaha Beach. In der Gischt und Dämmerung des frühen Junimorgens trieb Rudder jedoch der zweiten, Pointe de Percée, zu.

Eine Kursänderung war in den nahezu überfluteten Booten, von denen drei bereits gesunken waren, nur schwer möglich. Schließlich gingen die Ranger 450 m weiter östlich als geplant an Land. Der Versuch, Leitern an den Schwimmfahrzeugen anzubringen, schlug wegen der vielen Trichterfelder am Strand fehl und die Enterhaken,

die an den Klippen befestigt werden sollten, wurden von den durchnäßten Seilen wieder herausgerissen. Also galt es, die Klippen im Kugel- und Granatenhagel der Verteidigung zu erklimmen. Als die Deutschen vor einem Bombenangriff und dem Trommelfeuer der Kriegsmarine in Deckung gingen, erstürmten die Ranger schließlich die Stellung. Doch die Geschützstände waren leer.

Rudder machte sich im Landesinneren auf die Suche nach den fehlenden Geschützen und fand diese versteckt in einem Obstgarten an der Küstenstraße, wo sie von den Rangern zerstört wurden. Bis dahin hatte Rudder etwa 15 Prozent seiner 225 geland-

**OBEN: Der deutsche Friedhof bei La Cambe.**

**RECHTS: Das schmucklose Denkmal der Ranger wurde auf einem der Geschützstände errichtet, die diese mit so schweren Opfern erkämpft hatten. Heute ist hier ein modernes Empfangszentrum untergebracht.**

eten Soldaten verloren, doch Schlimmeres stand noch bevor. Die deutschen Gegenangriffe trieben die Männer bis auf eine Entfernung von 180 m zu den Klippen zurück und gleichzeitig schossen die eigenen Bomber und Marineartillerie auf sie.

Erst zwei Tage später, also am 8. Juni gegen Mittag, wurden sie endlich von Truppen unterstützt, die von Omaha Beach aus anrückten. Doch bis dahin waren bereits 60 Prozent der Ranger gefallen.

Die Landung der Truppen auf Omaha Beach kann wohl kaum in einem größeren Kontrast zu den Erfahrungen der Truppen auf Utah Beach stehen. Hier, weiter östlich, bot die Halbinsel Cotentin keinen Schutz mehr vor der stürmischen See und auch die Verteidigung, der sich die Angreifer gegenüber sahen, war von einem völlig anderen Kaliber. Ohne das Wissen der Alliierten war die 716. Infanterie-Division, die diesen Küstenabschnitt bewachte, durch die 352. Infanterie-Division verstärkt worden. Darüber hinaus war auch das Gelände äußerst schwierig. Hinter einem breiten Sandstrand ragten 30 m hohe Klippen empor, die nur an fünf Stellen Einlaß ins Landesinnere gewährten.

Der erste Fehler der Angreifer lag darin, daß mit der Landung in zu großer Entfernung von der Küste, nämlich 19 km ans-

**OBEN: "Der Geist der amerikanischen Jugend" steht Wache über dem riesigen amerikanischen Heldenfriedhof bei Saint-Laurent-sur-Mer oberhalb von Omaha Beach.**

**RECHTS: Omaha Beach von einer Geschützstellung auf den westlichen Klippen aus. Landeboote und Truppen waren von hier aus dem tödlichen Feuer der Verteidiger ausgeliefert.**

telle der von den Briten geplanten 11 km, begonnen wurde. Viele der Landeboote sanken in der stürmischen See und die wenigen, die bis 6.30 h die Küste erreichten, hatten für die Strecke drei Stunden gebraucht. Von den 32 D-D-Panzern, die die 5.500 m bis zu Küste zurücklegen sollten, waren 27 versunken und die für die Beseitigung von Hindernissen zuständigen Pioniere im Sturm weit abgetrieben worden. Wertvolle Artillerie versank mit den DUKW, auf die sie verladen wurde. Überlebende, die sich dem Stand näherten, erhielten zwar von den Schiffen der Alliierten Feuerschutz, doch sobald sich die Rampen senkten, setzte das gezielte Gegenfeuer der Verteidiger ein. Diese waren durch die dicken Betonmauern ihrer Bunker vor dem Beschuß von der See aus geschützt, konnten durch die Schießscharten jedoch die Truppen genau ins Längsfeuer nehmen, die sich durch die Brandung kämpften und versuchten, den 90 m breiten Sandstreifen zu überqueren. Auf die tapferen, aber unerfahrenen Amerikaner hatte dies eine verheerende Wirkung.

Bis Mittag saßen die 1. und 29. Infanterie-Division noch immer am Strand fest und der Oberbefehlshaber der 1. US-Armee, Generalleutnant Omar Bradley, erwog bereits, sie zu evakuieren.

"Jeder Mann, der an diesem Tag seinen Fuß auf Omaha Beach setzte, war ein Held," sagte Bradley später dazu. Eine Kompanie Ranger, die ursprünglich zur Unterstützung der Truppe am Pointe du Hoc gedacht war, konnte sich unter größten Verlusten zum Fuß der westlichen Klippen durchkämpfen und schließlich einen Bunker nach dem anderen zerstören. Brigadekommandeur Norman D. Cota von der 29. Infanterie-Division marschierte, blind gegen den feindlichen Kugelhagel, herum und spornte seine Männer an. Ebenso Oberst Taylor. Nacheinander fielen die deutschen Stellungen und das ganze Gewicht des amerikanischen Angriffs kam zu seiner vollen Entfaltung.

Das Blatt hatte sich nun gewendet. Die Munition der Deutschen ging dem Ende zu, und das 915. Regiment suchte im Hinterland vergeblich nach den Fallschirmjägern der Alliierten, die im Morgengrauen abgesprungen sein sollten. In Wahrheit handelte es sich dabei um abgeworfene Gummipuppen in Uniform. Bis zum Abend hatten die Amerikaner die Klippenhöhe erkämpft und die Soldaten strömten in Scharen heran, um den Brückenkopf abzusichern. Dieser war zwar kaum breiter als 1,5 km, doch es war immerhin ein Brückenkopf, dessen Eroberung 3.000 Menschenleben gekostet hatte.

**OBEN LINKS:** Der amerikanische Fotograf Robert Capa landete mit den Truppen unter schwerem Beschuß am frühen Morgen des 6. Juni. Seine Bilder zeigen den Überlebenskampf der Soldaten im vom Sturm gepeitschten Meer und unter den Trümmern von Kriegsgerät, die ihnen nur geringen Schutz boten. (Magnum)

**LINKS:** Von ihren Schützengräben auf der Klippenhöhe aus beherrschten die Verteidiger den Strand. (IWM)

# Die britischen Luftlandungen

**D**ie östliche bzw. linke Flanke der alliierten Landungen lag bei Sword Beach am Orne-Fluß, der über 16 km von Caen nach Ouistreham zum Meer fließt. Dem Fluß entlang verläuft der Orne-Kanal, der auch von Hochseeschiffen befahren werden kann. Gegen Osten hin trennt ein Höhenzug das Tal vom Tal des Dives-Flusses. Da die Deutschen den Dives überflutet hatten, mußten sich die Briten den Höhenrücken sichern, die Brücken über die Fluten sprengen und auf diese Weise einen befestigten Graben schaffen, der die Angreifer vor Gegenangriffen aus dem Osten schützen würde. Zur Unterstützung ihrer Luftstreitkräfte waren die Alliierten gezwungen, die Brücken über den Orne intakt zu erobern.

Die Hubbrücke über den Kanal bei Benouville und jene über den Orne waren gut verteidigt und konnten nur durch Über-

rumpelung genommen werden. Für diese Aufgabe wurden die Lastensegler der Oxfordshire and Buckinghamshire Light Infantry unter Major John Howard ausgewählt. Sie flogen am 5. Juni um 23.00 h von England ab und etwa eine Stunde später wurden die Segler ausgeklinkt. Im Gleitflug näherten sie sich ihrem Ziel. Genau an der geplanten Stelle, nur 45 m von der Kanalbrücke entfernt, kam der erste Lastengleiter mit einem heftigen Ruck zum Stehen.

Zur Freude der Besitzer des Café Gondrée am Kanal gelang den Männern des Ox & Bucks ein rascher Sieg über die Verteidiger der in die Geschichte als Pegasus Bridge eingegangenen Brücke. Als ein weiterer Seglertrupp dann auch noch die Brücke über den Dives kaperte, waren innerhalb von Minuten die beiden ersten Ziele des D-Day realisiert worden. Erkundungen der Alliierten hatten

**OBEN: Das Denkmal der Verteidiger von Les Bois des Monts und des Château St. Côme. Das auf 85 Männer reduzierte 9. Fallschirmjäger-Bataillon erhielt am 7. Juni den Auftrag, mit allen Mitteln gegen die deutsche Offensive auszuhalten. Zusätzliche Männer von anderen Einheiten brachten die Zahl schließlich auf 270. Obwohl sie immer noch unterlegen waren, hielten die Männer aus.**

**RECHTS: April 1944. Seglertrupps auf Manöver. (IWM)**

**OBEN: In der fröhlichen Menge vor dem Café Gondrée sind die Veteranen der Luftlandetruppen an ihren roten Baskenmützen zu erkennen. Das ihrem Andenken gewidmete Pegasus Bridge Museum befindet sich am anderen Kanalufer.**

**LINKS: 8. Juni 1944. Zwei von Major Howards Lastenseglern am Ufer des Caen-Kanals bei Pegasus Bridge. (IWM)**

**RECHTS: Der britische Heldenfriedhof in Ranville. Der erste Engländer, Leutnant Den Brotheridge, der an der Pegasus-Brücke fiel, wurde auf dem nahegelegenen Kirchenfriedhof beigesetzt.**

ergeben, daß am nördlichen Ausläufer des Höhenrückens eine große Batterie mit vier 150 mm-Geschützen errichtet worden war, von der aus die Deutschen Sword Beach hätten unter Beschuß nehmen können. Die Batterie war von zwei konzentrischen Sta-

cheldrahtzäunen umgeben, zwischen denen ein Minenfeld lag. Mit der Zerstörung dieser Anlage wurde das 9. Fallschirmjäger-Bataillon unter Oberstleutnant Terence Otway beauftragt. Abgeschlossen werden mußte die Aufgabe zwischen einem für 3.00 h vorgese-henen Bombenangriff und dem Beschuß durch die Arethusa, der, falls kein Erfolgssignal eintraf, um 5.30 h beginnen sollte. Für den Angriff sollten insgesamt 550 Fallschirmjäger und drei Lastensegler mit 60 weiteren Soldaten im Umkreis der Batterie landen. Tatsächlich ergab es sich dann aber, daß Otway über nur 150 Männer, keine Minensuchgeräte, keine Pak, keine Pioniere, Melder, Sanitäter oder Mörser und über nur ein Maschinengewehr verfügte. Der einzige Lastensegler, der kam, überflog ohne ein entsprechendes Landesignal sein Ziel.

Also mußte man sich mittels der Bombenkrater einen Weg durch das Minenfeld bahnen und Sprengpatronen zum Aufreißen des Stacheldrahtzauns verwenden. So konnte die Aufgabe zeitgerecht erfüllt werden, allerdings unter dem Verlust von nahezu der Hälfte der Männer.

Daß es kaum zu größeren deutschen Gegenangriffen kam, liegt darin, daß die Invasion eher unerwartet kam, daß Rommel zu Hause bei seiner Frau weilte, und daß die bewaffneten Panzer-Divisionen aufgrund einer fatalen Aufteilung des OK nur mittels Befehl aus Berlin eingesetzt werden konnten. Die dezimierten Luftlandetruppen wurden bald durch Lord Lovats 6. Truppenkommando, Kieffers 1. Französisches Truppenkommando und weitere, aus dem Getümmel von Sword Beach herangezogene Regimente verstärkt. Mit einer gesicherten Ostflanke war der Weiterzug nach Caen ermöglicht.

**LINKS: Gemächlich fließt der Dives bei Troarn durch die sumpfigen Wiesen, die von den Deutschen überflutet worden waren. Die nahegelegene Brücke wurde von Major J.C.A.**

**Roseveare mit einer Gruppe aus einem Offizier und sieben Pionieren gesprengt. Dazu mußten die Männer zum Schutz der Ostflanke einen befestigten Graben errichten.**

**LINKS: Juni 1993. Wally Parr, der im ersten Segler unweit von dieser Stelle landete, zeigt, wie die Pegasus Bridge eingenommen wurde. Für seinen bärtigen Kameraden Charlie Gardner ist dies der erste Besuch seit 1944. Die jetzige Brücke ist eine Kopie. Das hier abgebildete Original befindet sich heute auf dem Gelände des nahegelegenen Museums.**

OBEN: Das Kommandant Kieffer vom 1. French Commando auf Sword Beach bei Ouistreham gewidmete Denkmal.

**D**ie Nacht von 5. auf 6. Juni hielten die RAF-Bomber die Küstenverteidigungen der Deutschen unter ständigem Beschuß. Bei einbrechender Dämmerung übernahm die US-Air-Force das Bombardement und auch die Eskorten der Invasionsflotte schlossen sich dem Angriff an. Pünktlich um 7.25 h rollten die ersten Panzer auf die Sword Beach und begannen ihre Aufräumoperation.

Die Landungen gingen, wenn auch nicht ohne Verluste, mehr oder minder planmäßig vor sich. Doch dann stieg im Verlauf des Tages die Flut wesentlich höher als angenommen, und der im Atlantik tobende Sturm trieb riesige Waasermengen in den Ärmelkanal. Der Küstenstreifen wurde dadurch von den erwarteten 27 m auf nur 9 m reduziert. Die einlaufenden Landeboote drängten jedoch weiter nach und auf dem schmalen Streifen Land entstand ein echtes Verkehrschaos, da die gelandeten Panzer und Infantrie nicht schnell genug ins Landesinnere gebracht werden konnten. Auch die anfangs träge Reaktion der Deutschen gewann an Schwung: ihre Panzer waren im Anzug.

Etwa 1,6 km Inland erstreckt sich ein langer Höhenrücken, der dann gegen Süden hin zum Orne-Tal abbiegt. Gegen Westen verläuft er weiter dem Seulles-Fluß hinter Juno Beach entlang. Trotz der relativ geringen Höhe hat man einen guten Ausblick über den Landestreifen. Bei Douvres befan-

den sich eine gut befestigte Radarstation und weiter östlich, bei Colleville, die Forts Morris und Hill. Der Vorstoß nach Caen mußte unweigerlich am Hillman-Fort, dem Hauptquartier der deutschen Küstenstreitkräfte, vorbeiführen. Ohne jeglichen Marineschutz gelang es dem Suffolk Regiment, einen Bunker nach dem anderen zu überwinden, obwohl erst am Nachmittag Panzernachschub eingetroffen waren.

Doch der Vorstoß nach Caen gelang nicht ganz. Trotz ihrer heroischen Anstrengungen mußten die Männer der King's Shropshire Light Infantry in Ermangelung entsprechender Artillerie- und Panzerausrüstungen bei Lebisey, einem nur 4 km von

**LINKS: Ein Geschütz-stand bei St.-Aubin-sur-Mer, von dem aus die Küste unter Beschuß genommen werden konnte, der jedoch Schutz vor dem Trommelfeuer der Marine bot.**

**UNTEN LINKS: Derselbe Blick auf St.-Aubin-sur-Mer, 1944. Eine abgestürzte P47 Thunderbolt der Amerikaner wird zum Kinderspielplatz. (TM)**

Caen entfernten Dorf, Halt machen. Bei Tagesende hatten die Briten zwar an der Küste gut Fuß gefaßt, doch gegen Westen waren sie von ihren kanadischen Partnern durch die 21. Panzerdivision der Deutschen abgeschnitten. Und überall gab es außerdem auch kleine Nester deutscher Truppen, die eine entschlossene Verteidigung an den Tag legten.

Für die Kanadier bei Juno Beach war die Höhe der Flut nicht nur ein Segen. Der Küste lagen Sandbänke vor, die das Landen hätten behindern können. Sie wurden von der einströmenden Flut zwar rasch abgedeckt, doch die Landeboote wurden dadurch rascher als geplant der Küste zugetrieben. So kam es, daß die Infanterie vor der Rüstung an Land war. Darüber hinaus fuhren die manövrierenden Boote ineinander fest oder liefen auf den zahlreichen Tschechenigeln auf. Diese

Pyramiden aus Stahlträgern, an denen Minen angebracht waren, konnten zu einer tödlichen Gefahr werden. Die D-Ds bewährten sich am etwas geschützteren, westlichen Ende der Beach gut und unterstützten die Infanterie in den Straßenkämpfen, die in den Küstenstädten ausgetragen wurden.

Luc-sur-Mer lag an der Grenze zwischen Sword und Juno. Die 21. Panzerdivision der Deutschen war bis an diese Stelle vorgedrungen und zu ihren dort festsitzenden Kameraden gestoßen. Die Ankunft des 46. Royal Marine Commando am folgenden Morgen setzte den Plänen der Deutschen, einen noch größeren Keil zwischen Kanadier und Briten zu treiben, ein Ende. In Bernières verhinderte der hohe Seegang den Einsatz von D-Ds und die kanadischen Queen's Own Rifles erlitten im Kampf um die großangelegten Bunkerbefestigungen schwere Verluste. Nur mit Hilfe eines Flakschiffs, das am Strand fast auflief, um die Befestigungen unter Beschuß zu halten, konnten diese schließlich eingenommen werden. Als nächstes kam das Regiment de la Chaudière an Land. Als es auf dem Marsch ins Hinterland aufgehalten wurde, verursachten die nachfolgenden Landeboote am Strand wieder einen gigantischen Stau von Männern und Kriegsgerät. So funktionierte der Küstenstreifen als Versor-gungsgebiet überhaupt nicht und die vorrückenden Truppen blieben ohne Reserven.

Nachdem die nachfolgende 9. Brigade die Landetruppen passiert hatte, sollte sie zuerst in südlicher und dann östlicher Richtung zum Flugfeld Carpiquet südwestlich von Caen vorrücken. Der Trupp war jedoch nicht stark genug, um den Gegenangriffen der Deutschen standzuhalten und kam 6 km vor Caen zum Stillstand. Erst fünf Wochen später, am 9. Juli, gelang die erfolgreiche Einnahme °des Flugfelds.

**LINKS: Der kanadische Heldenfriedhof auf den Hügeln über Juno Beach, Bény-sur-Mer.**

**OBEN RECHTS: So sah der Bunker am Sword Beach, der heute das Atlantic Wall Museum beherbergt, am 6. Juni 1944 aus.**

**OBEN: Die Denkmäler der Regimenter 1. Canadian Scottish und Regina flankieren den Eingang zum Nan-Abschnitt der Juno Beach in Courseulles-sur-Mer.**

## 14      Gold Beach und Mulberry Harbour

**D**er westlichste der britischen Brückenköpfe, Gold Beach, grenzte bei La Rivière an Juno Beach und reichte in westlicher Richtung bis zu dem am Fuß der von St. Côme gekrönten Klippen gelegenen Le Hamel. In der anschließenden Bucht liegt Arromanches und etwas weiter davon entfernt, zwischen den Klippen, Port-en-Bessin, das den Anfang des amerikanischen Sektors markierte. Zwischen den beiden war auf den Klippen die viergeschossige Batterie der Deut-

151. Brigade, deren Auftrag es war, nach Bayeux zu marschieren. Bis zum Abend hatte sie bereits die Außenbezirke erreicht und schon am nächsten Tag war die Stadt erobert. Am 14. Juni wurde Bayeux zum Schauplatz der ersten Exekutivhandlung der provisorischen französischen Regierung – General de Gaulle ernannte Raymond Triboulet zum Sous-Préfet.

In Arromanches errichteten die Alliierten einen der beiden Mulberry Harbours. An

UNTEN: Der Mulberry Harbour in Arromanches im Jahr 1944 (IWM) und, ganz unten, der Strand heute. Überreste von Senkkästen und Pontonen stehen heute noch.

schen, Le Chaos angelegt.

In der Morgendämmerung setzten die Schiffsgeschütze auf HMS *Ajax* die Anlage bald außer Gefecht und als am Nachmittag eines der deutschen Geschütze wieder in Aktion trat, wurde auch dieses vom französischen Kreuzer *Georges Leygues* vernichtet.

Die ungünstigen Witterungsbedingungen hatten an diesem Küstenabschnitt die wohl schlimmsten Auswirkungen. Daher wurde beschlossen, das Kriegsgerät mit Landebooten bis zur Küste zu transportieren, um nicht zu riskieren, daß die D-Ds in der stürmischen See versanken. Für das marschige Terrain des Hinterlandes waren die Hobart's Funnies ideal geeignet. Sie räumten Minenfelder, überbrückten Gräben und beschleunigten auf diese Weise den Vormarsch.

Die Landungen gingen in La Rivière relativ glatt vor sich. Die größte Gefahr für die Green Howards stellte die Batterie am Mont Fleury dar. Den Green Howards folgte die

**OBEN RECHTS: Die Gräber im britischen Heldenfriedhof bei Ryes erinnern daran, wieviele Männer ihr Leben ließen.**

**UNTEN: Die riesigen 152 mm-Geschütze der Batterie in Longues-sur-Mer.**

**MITTE RECHTS: Die Hobart's Funnies in Aktion – zwei Sherman Crabs mit Flegeln zum Detonieren von Minen und ein AVRE-Panzer zum Brückenlegen. (TM)**

**UNTEN RECHTS: Eine schwimmende Mole in Arromanches. (IWM)**

allen Stränden wurden zementgefüllte Schiffe angelegt, doch Mulberry wurde zu einer richtigen Hafenanlage mit festen Dämmen, aber auch schwimmenden Molen und Straßen, die ein Entladen der Schiffe bei Ebbe und Flut ermöglichten, ausgebaut. Die vorgefertigten Teile wurden dazu von England über den Ärmelkanal geschleppt. Die Bauarbeiten bgannen am 9. Juni und bis zum 18. Juni waren die Phoenix-Senkkästen bereits innerhalb eines Rings von Wellenbrechern in einem großen Bogen angelegt. Am nächsten Tag setzte ein Sturm mit starken Winden aus nordöstlicher Richtung ein, die an der ganzen Küste eine für die vor Anker liegenden Schiffe äußerst gefährliche Abtrift schufen. Dabei wurde der Mulberry Hafen auf Omaha total zerstört und der in Arromanches schwer beschädigt, was den Nachschub empfindlich störte. Die Hafenanlage sollte ursprünglich 100 Tage überdauern, doch Überreste bestehen heute noch.

LINKS: Ein typisches Signal-Monument des Comité du Débarquement erinnert an die Ansprache, die General de Gaulle am 14. Juni 1944 vor dem befreiten Frankreich in Isgny hielt.

**N**ach den furchtbaren Ereignissen des Vortags gelang es der 2. US-Division, den Brückenkopf bis zu Mittag des 7. Juni zu sichern, mit den alliierten Kräften im Osten Kontakt aufzunehmen und ins Hinterland vorzudringen, um sich ihren Kameraden im Westen anzuschließen. Cambe fiel noch am selben Tag und in ihrem Vormarsch auf Carentan ließen sich die amerikanischen Truppen auch nicht von den Fluten und Marschen in der Mündung des Douves abhalten. Mit besonderer Schnelligkeit und Energie avancierten die Elitetruppen des US 101. Airborne von der Halbinsel Cotentin. Am 14. Juni trafen beide Einheiten aufeinander, nachdem sie den Gegenangriff

der 17. SS-Panzergrenadiere erfolgreich abgewehrt hatten. Sie konzentrierten sich nun auf die Verteidigung des Brückenkopfs gegen Angriffe aus dem Süden (die jedoch ausblieben) und marschierten dann in nordwestlicher Richtung gegen Cherbourg.

Die 4. US-Infanterie war bereits vom Norden der Utah Beach aus unterwegs. Sie mußte für ihre Unerfahrenheit schwer bezahlen. Trotz der Unterstützung durch Bomberverbände und dem Einsatz von Napalm betrug die Zahl der Opfer in einer Woche 2.200 Mann. Die Flußniederungen gegen Westen standen unter Wasser oder waren so sumpfig, daß Panzer nicht eingesetzt werden konnten. Also mußten sich die alliierten Truppen an die Straßen halten, während die Deutschen das in kleine Felder aufgeteilte Terrain, "bocage" genannt, zu ihrem größten Vorteil zu nutzen wußten. Der Großteil der deutschen Streitkräfte war auf die Verteidigung von Caen konzentriert und für die Halbinsel konnte nur die 2. Panzerdivision erübrigt werden.

Das Terrain des 'bocage' stellte für die Alliierten eine harte Kraftprobe dar. Die alten Felder waren durch Hecken und manchmal mannshohe Gräben voneinander getrennt. Selbst auf festem Boden kamen die Panzer hier kaum und die Truppen nur langsam und unter größten Opfern vorwärts.

Um eine Verstärkung der Verteidigung von Cherbourg zu verhindern, rückte Bradley

UNTEN: Das Terrain des 'bocage'. Die Hecken, Wälder, Felder und Wege wurden von den deutschen Verteidigern geschickt genutzt.

**RECHTS:** Major Thomas wurde auf dem Vormarsch nach St. Lô durch Granatsplitter getötet. Ein Jeep brachte den Leichnam in die Stadt, wo der flaggenbedeckte Sarg in den Ruinen der Kirche Sainte-Croix aufgebahrt wurde. Die Bürger von St. Lô ehrten Howie mit einem schönen Denkmal.

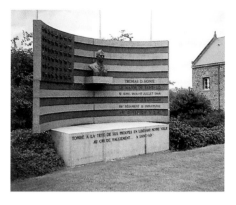

Obwohl die zahlen- und ausrüstungsmäßig weit überlegenen Amerikaner bereits im Anzug waren, kämpften die Deutschen mit erstaunlicher Energie und Entschlossenheit.

Als sie am 22. Juni unter den Beschuß von etwa 1.000 Kampfflugzeugen und schwerer Artillerie kamen, gaben die deutschen Linien nacheinander auf und die vorrückenden alliierten Truppen mußten sich im mörderischen Nahkampf üben. Doch selbst nach der Kapitulation von Schliebens am 26. Juni gab es immer noch kleine Nester des Widerstands und erst am 1. Juli waren die Amerikaner völlig in Kontrolle. Die Hafenanlagen waren total zerstört. Bis zum 25. Juli sollten 150.000 Tonnen Vorräte angeliefert werden, doch erst im September war es wieder möglich und bis dahin bestand dann kein Bedarf mehr.

In südlicher Richtung war das Ziel mit Coutances festgelegt. Da man auf dem schwierigen Gelände jedoch nur so langsam vorwärts kam, beschloß Bradley, sich schließlich mit der Einnahme von St. Lô und der Straße von dort nach Périers zu begnügen. Das östlich von La Haye-du-Puits gelegene Mont-Castre wurde am 3. Juli erreicht. Der Angriff begann am 7. Juli und die zwei Tage, die für das Vorrücken über eine Entfernung von 6 km gebraucht wurden, forderten 2.000 Opfer auf Seiten der Amerikaner. Auch der Vormarsch auf St. Lô stellte eine ebenso harte Probe dar. Für den Kampf gegen die Briten bei Tilly hatten die Deutschen die von 190 auf 66 einsatzfähige Panzer reduzierte Panzer-Lehr-Division zusammengestellt, die jedoch von Kampfbombern und Artillerie aufgehalten wurde. Nach zwei Wochen härtester Kämpfe wurde St. Lô schließlich zu einem Symbol für den Opfermut der GIs im Kampf um den "bocage". Am Abend des 18. Juli erreichte das 116. Regiment die nördliche Peripherie der Stadt. Im Osten zog das 115. mit dem Leichnam Major Howies ein, der sich geschworen hatte, St. Lô zu erreichen.

Entgegen Bradleys Annahme hatte der Vormarsch wesentlich länger gedauert und wesentlich mehr Opfer gefordert. Dafür, daß sie die Infanterie zugunsten von Elite- und Sondereinheiten vernachläßigt hatten, hatten die Amerikaner einen hohen Preis bezahlen müssen. Mit Abnehmen der deutschen Reserven um Caen würde aber auch ihre Chance bald kommen.

gegen die Westküste vor und die 82. Luftlandedivision nahm am 16. Juni in Erwartung eines Angriffs aus dem Süden Saint-Sauveur-le-Vicomte und die 90. US-Infanterie am 18. Barneville-sur-Mer ein. Nach einer Umgruppierung seiner Verteidigungstruppen hielt Generalleutnant von Schlieben einen Landstrich von 18 km Breite vor Cherbourg. Doch dann wurde er völlig abgetrennt und Nachschub konnte weder auf dem See- oder Luftweg zu ihm gelangen.

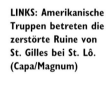

**LINKS:** Amerikanische Truppen betreten die zerstörte Ruine von St. Gilles bei St. Lô. (Capa/Magnum)

**GANZ LINKS:** Generalleutnant von Schlieben und der für die Seeverteidigung der Normandie zuständige Konteradmiral Hennecke ergeben sich den amerikanischen Truppen in Cherbourg. (IWM)

**OBEN LINKS:**
Die Bewohner von Tilly verlassen das zerstörte Dorf. (IWM)

**OBEN RECHTS:**
Montgomerys "Tac HQ"-Karawanen beim Château de Creullet.

**OBEN:** Unter den 47 Gräbern im Jerusalem-Friedhof nördlich von Tilly befindet sich das des 16-jährigen Soldaten J. Banks.

Die auf Caen vormarschierenden Truppen waren am D-Day kurz vor der Stadt zum Stillstand gekommen, doch der Vormarsch auf Bayeux erfolgte relativ ungehindert und die Stadt wurde am 7. Juni eingenommen. Die 50. Division avancierte in südlicher Richtung gegen Tilly-sur-Seulles und Montgomery schlug am 8. Juni bei Creully sein Hauptquartier auf. Da ein Frontalangriff seiner Meinung nach ein zu großes Risiko mit sich brachte, nutzte er eine Lücke in der deutschen Verteidigung und plante eine Attacke um die westliche Flanke gegen Villers-Bocage und gegen Falaise.

Die gegen Tilly marschierenden Truppen fanden sich der soeben aus Chartres eingetroffenen Panzer-Lehr-Division gegenüber, die ein überaus ernstzunehmender Gegner war. Die deutschen Panther waren den britischen Panzern weit überlegen und mit wesentlich schwereren Geschützen ausgestattet. Hier zeigte sich die Gewalt der deutschen Kriegsmaschinerie, die den Vormarsch der Alliierten noch oft aufhalten sollte. Tilly-sur-Seulles verschwand dabei in Schutt und Asche. In einem Versuch, die Deutschen in der Flanke zu umgehen, stieß die 7. Panzerdivision, die "Desert Rats", bei Villers-Bocage auf weitere Neuankömmlinge – die 2. Panzerdivision der Deutschen, mit ihren noch mächtigeren Tiger-Panzern. Am Morgen des 13. Juni wurden sie auf der Straße nach Caen vom deutschen Panzerass Micheal Wittmann angegriffen. Während zwei Tiger das Feuer auf die Briten eröffneten, raste ein Panzer die Straße nach Villers-Bocage entlang, zerstörte dabei die meisten Fahrzeuge und zerstreute den ganzen Verband. Vor seinem Abzug zerstörte er noch sechs Panzer im Dorf selbst.

Da die Verbindung zu den vorgerückten Truppen abgebrochen war, nahmen die britischen Befehlshaber an, daß sich die Deutschen bereits in den Abstand geschoben hätten und so unterließ man es, diese zu verstärken. Tatsächlich hatte Rommel aber Schwierigkeiten, genügend Einheiten zum Halten der Front zu finden und konzentrierte sich daher auf die Schlüsselstellungen. Bis zum 15. Juni hatten sich die Briten zurückgezogen und die Chance verpaßt, Löcher in der Verteidigungslinie zu nutzen. Obwohl die Deutschen zahlenmäßig unterlegen waren, hatten sie entlang der gesamten Frontlinie Spähposten stationiert und konnten so auf Angriffe der Alliierten rasch reagieren. Diese Art der Verteidigung konnte sich auf einige Zeit bewähren, vorausgesetzt es gab genügend Überlebende und das Oberkommando verblieb in Rommels geschickten Händen.

Südwestlich von Caen wird ein etwas erhöhter, offener Landstrich von einem Hügel, Hill 112, geprägt, von dem sich ein guter Ausblick über die ganze Umgebung bietet. Gegen Süden liegt das Tal des Orne-Flusses, gegen Norden das schmale Tal des Odon und dann bis Tilly mehr offenes Land. Hier fanden in den letzten Junitagen besonders heftige Kämpfe statt. Dem gigantischen Sperrfeuer von Armee und Marine am 25. Juni folgte, fast wie im Ersten Weltkrieg, ein Vormarsch gegen den hartnäckigen Widerstand der 12. SS-Panzerdivision "Hitlerjugend". In strömendem Regen führte die 15. Scottish Division den Angriff. Nach Einnahme der Brücke in Tourmauville durch die Argyll and Sutherland Highlanders am 26. Juni, befand sich die 11. Panzerdivision im Anzug auf Hill 112, als sie von der 1. SS-Panzerdivision zurückgeschlagen wurde. Auch die Brücke von Gavrus lag in britischen Händen, als ein verzweifelter Gegenangriff aus Westen erfolgte. Die von der Ostfront abgezogene 2. SS-Panzerdivision hatte sich

für den Angriff der Frontlinie von Gavrus bis Cheux im Norden der 9. und 10. SS-Panzerdivision angeschlossen. Gegen den Widerstand der Briten, der dem Wiederstand der Deutschen gegen die Alliierten weiter südlich durchaus ebenbürtig war, mußten sie sich am 28. Juni schließlich geschlagen geben.

Über ein Monat lang fanden südlich des Odon im Kampf um Hill 112 erbitterte Kämpfe statt. Am 10. Juli sollte sich die 43. Wessex Division in Operation Jupiter von hier gegen den Orne durchschlagen. Doch auch dieses Unternehmen mißlang.

Auch die Duke of Cornwall's Light Infantry erlitt schwere Verluste. Schließlich mußten sie ihre Stellung auf Hill 112 gegen die Angriffe der schier unverwüstbaren Tiger der SS-Panzergrenadiere aufgeben. Anfang August verlagerten sich die Kämpfe in westliche Richtung und als die britischen Truppen nun die deutsche Seite des Hügels zu Gesicht bekamen, fanden sie ein total verwüstetes und von Toten übersätes Gelände.

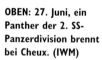

**OBEN: 27. Juni, ein Panther der 2. SS-Panzerdivision brennt bei Cheux. (IWM)**

**RECHTS: Das Denkmal der 43. Wessex Division liegt unweit von Hill 112.**

**GANZ RECHTS: Churchill und Feldmarschall Alanbrooke in Montgomerys HQ bei Creullet, 12. Juni 1944. (IWM)**

Seit dem Abend des D-Day, als sich die Briten bereits in unmittelbarer Nähe der Stadt befanden, war dieses Ziel unerreichbar und fest in den Händen der Deutschen geblieben. Dahinter lag offenes Land, durch das die bewaffneten Divisionen leicht gegen Süden ziehen konnten und das genügend Platz zur Errichtung von Luftstützpunkten bot.

Während um den Odon Angriff und Gegenangriff ausgetragen wurden, nahmen die Kanadier, das Dorf Carpiquet ein und verbrachten dann die vier Tage bis zum 9. Juli damit, den fanatischen Widerstand der "Hitlerjugend" am Flugfeld zu brechen.

Am 6. Juli verursachte ein Bombenangriff auf Caen einen Brand, der elf Tage lang wütete. In der Nacht vom 8./9. Juli fielen 2.500 Tonnen Bomben auf die Stadt, die unermeßlichen Schaden verursachten. Etwa 3.000 Bewohner überlebten den Angriff nicht. Obdachlose, die in der Abbaye aux Hommes Unterschlupf fanden, blieben wie durch ein Wunder verschont. Am Morgen des 9. Juli zogen kanadische Truppen von Westen in die Stadt, doch die Briten, die sich von Norden näherten, stießen weiterhin auf den Widerstand der 16. Luftwaffendivision. Bis zum frühen Nachmittag hatten sich die Deutschen dann aus dem nördlichen Teil der Stadt zurückgezogen, aber erst am 18. Juli war auch das rechte Flußufer in Händen der Alliierten.

OBEN: Eine Verbindung zwischen Caen und England – das Grab von Wilhelm dem Eroberer in St-Etienne.

LINKS: Die Kirche St-Etienne, l'Abbaye aux Hommes, überdauerte den Bombenangriff.

OBEN: Montgomery zeigt Churchill die völlig zerstörte Stadt Caen, 22. Juli 1944. (IWM)

OBEN RECHTS: Stoßtrupps ziehen durch die Wälder nördlich der Stadt auf Caen zu. (IWM)

LINKS: Die Häuser um die Abbaye aux Hommes tragen noch immer die Wunden des Kriegs.

RECHTS: Die Altstadt von Caen war ein Bild der Zerstörung und auch viele Zivilisten waren bei den Angriffen ums Leben gekommen. (IWM)

**M**ehr als ein Monat war vergangen, seitdem die alliierten Truppen die Strände der Normandie erstürmt hatten. Die logistische Planung der Invasion, bei der man von Vorkehrungen für das Mögliche und nicht von Voraussagen des Wahrscheinlichen ausgegangen war, sah für diesen Zeitpunkt vor, daß sich die vorderste Linie über die ganze Halbinsel Cotentin, dann hinunter bis zur Loire und südlich vom Orne bis Le Mans über Falaise und Argentan erstrecken würde. Daher drängten die Politiker nun energisch auf einen Durchbruch.

Sie berücksichtigten dabei jedoch nicht Hitlers Kleben an jedem Quadratkilometer oft schon verlorenen Geländes und seine stupide Anweisung, die Alliierten wieder zurück ins Meer zu werfen – eine Politik, die extrem hohe Opfer an Menschen und Material erforderte. Und außerdem konnten sie auch keinen glücklichen Zufall herbeiwünschen.

Rommel war ständig unterwegs zu seinen Befehlshabern. Am Abend des 17. Juli verließ er Vimoutiers, um in sein Hauptquartier in La Roche-Guyon zurückzukehren. Unweit vom Dörfchen mit dem schicksalhaften Namen Sainte-Foy-de-Montgomery bombardierten zwei Spitfire der RAF sein Auto. Rommel wurde schwer verwundet und trat nun für den Rest des Krieges außer Aktion.

Am Morgen des 18. Juli zogen britische Panzer von dem am D-Day von den Luftlandetruppen errichteten, östlichen Brückenkopf in südlicher Richtung ab. Diese taktische Bewegung war kaum ein Geheimnis. Sepp Dietrich, Befehlshaber der 1. SS-Panzerdiv-

**RECHTS: 18. Juli. Ein Sherman-Panzer in Aktion bei Cagny. (IWM)**

**UNTEN: Das offene Gelände am Höhenrücken von Bourguébus südlich von Caen. Blick auf St. Aignan von der D80 unweit von Conteville. Die Aussicht, rasche Panzerformationen einsetzen und Flugfelder errichten zu können, machte dieses Gebiet für die Alliierten so attraktiv.**

ision, gab jedoch an, daß er dies durch ein Abhören des Bodens ermittelt hatte. Tatsächlich hatte der deutsche Nachrichtendienst bereits davon Kenntnis und entsprechende Abwehrmaßnahmen in Dörfern und Gehöften entlang der Route getroffen.

Auf schmalen Pfaden, die die Briten durch die eigenen Minenfelder gelegt hatten, avancierten die Panzer, in Richtung Cagny und auf den Eisenbahndamm zu, der zwischen ihrer Stellung und dem offenen Gelände des Höhenrückens von Bourguébus lag. Nördlich von Cagny kamen sie jedoch unter den Beschuß von Flakgeschützen und erlitten schwere Verluste an Kriegsmaterial. Obwohl sie die Höhen südlich von Caen erreichen konnten, war der erhoffte Durchbruch nicht gelungen. Die Kanadier hingegen säuberten den südlichen Teil von Caen und die vorderste Linie stabilisierte sich am 20. Juli südlich der Stadt.

Mit der Einnahme von St. Lô am 18. Juli waren die amerikanischen Truppen nun in einer Front von St. Lô bis Périers stationiert. Noch wichtiger war es jedoch, daß dadurch die Macht des gegnerischen 2. Fallschirmjägerregiments gebrochen wurde. Nachschub gab es für die Deutschen nicht mehr.

Am 24. Juli wurden von der 9. US-Air-Force auf eine 8 km lange Front westlich von St. Lô 5.000 Tonnen Bomben abgeworfen. Bradley hatte den Abwurf parallel zur Straße verlangt, doch der Angriff erfolgte schließlich im rechten Winkel dazu. Dadurch wurden auch an die 500 Amerikaner vom Bombenhagel getroffen. Doch die Auswirkungen auf die deutsche Frontlinie und vor allem die Elite-Panzer-Lehr-Division waren fatal. Fast ein jeder ihrer 40 Panzer wurde beschädigt oder zerstört und obwohl sie die Hälfte wieder einsatzfähig machen konnten, war dem deutschen Widerstand ein schwerer Schlag versetzt worden. Die Deutschen hatten unterdessen den Großteil ihrer Truppen zur Bildung einer Verteidigungsfront weiter in den Süden abgezogen und nur einige kleine Widerstandsnester zur Behinderung der Amerikaner zurückbelassen.

Doch die Situation war unhaltbar. In der deutschen Verteidigung herrschte totales Durcheinander – die kleinen Einheiten wurden in zunehmendem Maße umgangen und in der Flanke umfaßt. Coutances fiel am 28. Juli und die auf dem Rückzug befindlichen deutschen Kolonnen wurden durch Artillerie- und Luftbeschuß dezimiert. Der Widerstand wurde letztlich zu einem verzweifelten Kampf, dem amerikanischen Vormarsch zu entkommen.

Am 1. August übergab Bradley das Kommando der 1. US-Armee an Generalleutnant Courtney Hodges und übernahm selbst das Oberkommando über alle amerikanischen Truppen einschließlich der 3. US-Armee unter Generalleutnant George S. Patton Jr. Ohne sich um die Gefahren einer exponierten Ostflanke zu kümmern, war Patton mit aller Geschwindigkeit auf Avranches marschiert. Die Stadt fiel am 30. Juli und auch die 77. Infantriedivision der Deutschen konnte ihn an der Einnahme der Brücke in Pontaubault am nächsten Tag nicht hindern. Vor ihm lagen die Straßen in die Bretagne, an die Loire und zur Seine und er wußte diese Chance zu nutzen.

**OBEN:** Der Rhino, mit dem die Amerikaner den "bocage" bezwangen. Sergeant Curtis G. Culin war von seinem Kameraden Roberts dazu inspiriert worden, an einem Panzer Schneidezähne zum Durchbrechen der Hecken anzubringen. (TM)

**LINKS: 7. Juli.** Patton mit seinem elfenbeinbesetzten Revolver im Gespräch mit einem behelmten Bradley und Montgomery, der seine typische Baskenmütze mit zwei Abzeichen trägt. (IWM)

**GANZ LINKS:** Operation BLUECOAT. Britische Panzer auf dem Vormarsch von Caumont nach Vire, Bény-Bocage und Mont Pinçon zur Entlastung der westlich gelagerten Amerikaner. (IWM)

# 24 Mortain – Die deutsche Gegenoffensive

OBEN: Auf einer Lichtung bei der Kapelle auf Hill 317 steht, umgeben von fichtenwäldern, das einfache, aber würdige Ehrenmal der Männer der 30. US-Infantrie.

UNTEN: Die Luftüberlegenheit der Alliierten war ein Schlüsselfaktor. Mit Raketen ausgerüstete Typhoons flogen von Flugfeldern Angriffe auf deutsche Panzer und Transportkolonnen. (IWM)

Feldmarschall von Kluge, der von Rundstedt das Kommando übernommen und nach Rommels Ausscheiden auch dessen Kommando über die Heeresgruppe B übernommen hatte, konnte sich Hitlers Befehl, den amerikanischen Vormarsch an der Basis der Halbinsel Cotentin zu durchtrennen, nicht widersetzen. Angesichts des Zusammenbruchs der gegen Patton kämpfenden deutschen Truppen und des ganz offensichtlich unmittelbar bevorstehenden Angriffs durch die Briten und Kanadie, wäre der Rückzug zu einer neuen Verteidigungslinie, der logische Schritt gewesen. Doch dics erlaubte Hitler nicht.

In der Nacht des 6. August meldete der geheime Nachrichtendienst der Alliierten, ULTRA, eine kurze Warnung, daß ein Angriff der Deutschen gegen die Amerikaner südlich von Vire unmittelbar bevorstand. Bradley sah darin eine gute Gelegenheit und beschloß, seine Truppen dazu in ihren Stellungen zu belassen, während Patton seinen Vormarsch weiterführte.

Die 47. Panzerdivision, die sich aus Teilen der 2. SS-Panzerdivision sowie der 17. SS- und der 116. Panzerdivision zusammensetzte, zog gegen Mortain, nahm die Stadt ein und stand zur Mittagszeit des 7. August bereits 14 km vor Avranches. 700 Männer der 30. US-Infantriedivision waren nun auf Hill 317 total eingeschlossen. Heute krönt diesen östlich von Mortain gelegenen Hügel

eine kleine Kapelle, umgeben von Fichtenwäldern. Der Aufforderung, sich zu ergeben, kamen die Amerikaner nicht nach. Sie hielten durch – gestützt auf gelegentliche Luftabwürfe und medizinisches Material, das von Geschützen eingeschossen wurde.

Bis zum 8. August war die deutsche Offensive zum Stillstand gekommen, gelähmt und zerstört von der Macht der alliierten Luftangriffe. Unerbittlich wurde der Feind von den Amerikanern zurückgedrängt. Was verblieb war eine Masse verwüsteten Kriegsmaterials. Auch die 9. Panzerdivision wurde dezimiert und somit war der Weg frei zur Loire im Süden.

In der Nacht des 12. August stieß die 35. US-Division zu ihren Kameraden auf Hill 317. 300 davon waren tot oder verwundet.

Die Wucht des Vormarsches gegen Süden konnte aufrechterhalten werden. Am 12. August traf General Leclerc mit seiner 2. French Armoured Division unter dem Kommando des 15. American Corps in Alençon und die 5. US-Division in Sées ein. Sobald die Alliierten einen Punkt südlich von Le Havre erreicht hatten, konnte sich die Falle um die Deutschen bald schließen. Montgomerys Problem lag darin, das Vorrücken im Norden und Süden entsprechend abzuschätzen, um entscheiden zu können, wann sich die Falle schließen sollte. Er gebot den Amerikanern Einhalt und ließ sie auf die Kanadier warten.

Nach Operation GOODWOOD verlief die von den Kanadiern unter General Crerar gehaltene Ostfront etwas südlich von Caen. Am 7. August um 23.00 h, als der Angriff auf Mortain seinen Höhepunkt erreicht hatte, zogen ihre 400 Panzer unmittelbar nach einem massiven Bombenangriff los. Man hatte aus der Vergangenheit gelernt. Ein Ansporn war auch die Gewißheit, daß deutsche Panzerdivisionen für den Angriff auf Mortain in den amerikanischen Sektor geschickt wurden.

Beim Morgengrauen war man bereits gut vorangekommen und nun trat auch die Air Force in Aktion. Allerdings fielen zur Mittagszeit Bomben der US-Air-Force auf die vorrückenden Truppen. Als die Deutschen zur Unterstützung die restliche 12. Panzerdivision mit in den Kampf schickten, verschärfte sich der Widerstand. Die Gefechte dauerten den ganzen Abend und bis tief in die Nacht hinein an, doch dann machte sich die Unerfahrenheit der kanadischen und polnischen Panzerdivisionen bemerkbar. Am 9. August wurde das 28. British Columbia Armoured Regiment auf den Hügeln 140 und 111 bei Estrées-la-Campagne zerschlagen, und am 10. August kam der Vormarsch 16 km vor Falaise zum Stillstand.

Angesichts der amerikanischen Fortschritte im Süden – sie hatten bis zum 13. August bereits Argentan erreicht – war es notwendig, daß auch an der nördlichen Falenzange gute Fortschritte gemacht wurden. Zur Mittagszeit am 14. August nahmen die

Kanadier und Polen ihren Marsch wieder auf, doch auch dieses Unternehmen litt an einer mangelnden Koordination zwischen Boden und Luft und 400 Männer fielen den eigenen Bomben zum Opfer. Am Abend des 15. war man nur noch 1,6 km von Falaise entfernt. Der Großteil der Truppen marschierte nun südöstlich nach Trun und die 2. Infantriedivision der Kanadier zog in die Stadt und säuberte sie bis zum 18. August von allen Resten des Widerstands.

Weiter westlich davon hatten sich die deutschen Truppen vor der 2. Armee der Briten zurückgezogen. Am 16. August befahl Feldmarschall von Kluge den Rückzug, doch er wurde schon am nächsten Tag durch Feldmarschall Walter Model ersetzt. Von Kluge nahm sich auf dem Rückweg nach Deutschland das Leben. Model versuchte sofort, Eliteeinheiten aus dem Kessel zu ziehen, doch die Falle hatte sich schon fast geschlossen.

**OBEN: Wenn man von Hill III und dem Ehrenmal der 4. Panzerdivision der Kanadier heute gegen Norden blickt, sieht man eine friedliche Landschaft vor sich. Hier kam Operation TOTALIZE zum Stillstand.**

**OBEN: Das deutsche Panzerass Michael Wittmann. (B)**

**LINKS: Auf halber Strecke zwischen Caen und Falaise liegt bei Grainville-Langannerie der Friedhof der in der Normandie gefallenen polnischen Soldaten.**

# Der Kessel von Falaise

Der Dives-Fluß, in dessen Fluten einige der britischen Luftlandetruppen am D-Day den Tod und bei dem andere wieder Schutz gefunden hatten, entspringt in den Hügeln östlich und südlich von Falaise. Über dem Tal im Süden davon erhebt sich ein Höhenrücken, der von Argentan, wo sich die 80. US-Infanteriedivision befand, bis Bourg-Saint-Leonard, dem Ort der 90. US, verläuft. Weiter östlich in Exmes war die 2. Panzerdivision der Franzosen stationiert. Gegen Norden werden die Hügel unwegsamer und sind nur entlang dem Kamm oder durch die schmalen Täler begehbar. Am 18. August konnte dann nur noch auf diesen Straßen nach Vimoutiers entkommen werden. Sie waren die einzige Fluchtroute für die 100.000 Überlebenden der 7. und 5. Panzerarmeen der Deutschen.

Im Westen übten die Briten unerbittlichen Druck aus, von den Amerikanern und Franzosen wurde im Süden eine undurchdringliche Barriere errichtet und von Norden schlossen die Kanadier und Polen den Kreis. Dazu das unaufhaltsame Bombardement durch die Typhoons und Spitfire der RAF. Da den Deutschen der Treibstoff ausgegangen war, ließen sie ihre Fahrzeuge

**OBEN: 25. August. Das Bild nach dem Rückzug. In ihren Pferdewagen waren die deutschen Truppen ein leichtes Ziel für die alliierten Luftangriffe im Kessel von Falaise. (IWM)**

**LINKS: Hinter den friedlichen Obstgärten erhebt sich über den Dächern der Kirchturm von Saint-Lambert-sur-Dive. Ein Auto nähert sich gerade der Brücke, die das Zentrum des Infernos vom August 1944 war.**

**RECHTS: Der deutsche Tiger-Panzer war den Panzern der Alliierten überlegen. Dieses Exemplar steht östlich von Vimoutiers.**

stehen und flohen in Pferdewagen oder zu Fuß. Für sie gab es jetzt nur noch die Flucht oder Vernichtung.

Kanadier und Polen erhielten den Befehl, sich entlang der Frontlinie von Trun bis Chambois aufzustellen, doch die Polen landeten aufgrund von Übersetzungsproblemen 14,5 km nördlich davon in Champeaux. Nach Plünderung des Hauptquartiers der 2. SS-Panzerdivision zogen sie weiter südlich und stießen bei Coudehard auf deutsche Truppen. Von Montormel und Hill 262 hatten sie einen guten Ausblick auf das ganze Dives-Becken. Von den Kanadiern trennte sie das kleine Tal, das gegen Camembert und Vimoutiers verläuft – die letzte Fluchtroute, die noch offen stand.

Nachdem die 4. Panzerdivision der Kanadier am Vormittag des 18. die letzten Reste der SS aus Trun vertrieben hatte, ging es

OBEN: Diese Tafel in St.-Lambert an der Straße nach Trun schildert das Ausharren von Major D.V. Currie, VC und seiner Männer.

LINKS: Am 19. August reichten sich Hauptmann Waters vom 359. US-Infanterieregiment und Oberst Zgorzelski des 10. Polnischen Dragonerregiments vor dem mächtigen Zwinger aus dem 12. Jh. die Hände. Am 19. Juli 1965 wurden sie in einer Feier zu Ehrenbürgern der Stadt ernannt.

**LINKS: Von der Aussichtsterrasse am Monument auf Montormel zieht sich der Bergrücken gegen Hill 262. Darunter liegt der Kessel von Falaise, in dem so viele ums Leben kamen. Die letzten Deutschen, denen die Flucht gelang, zogen durch das schmale Tal im Westen (rechts).**

weiter nach Saint-Lambert, wo die Brücken über den Dives noch offen standen. Ein Trupp unter Major D.V. Currie erreichte Saint-Lambert gegen 19 h. Hier hielt er aus und obstruierte die Flucht der Deutschen nach besten Kräften.

Die ganze Nacht und auch noch im Lauf des Samstags war dieser kleine Kessel überfüllt mit Deutschen, die verzweifelt nach einer Fluchtmöglichkeit suchten und im unaufhörlichen Bombenhagel und Trommelfeuer mit allen Mitteln ums Überleben kämpften. Vom Montormel aus übten die Polen Rache für die Zerstörung ihres Heimatlandes. Bald kämpften sie an zwei Fronten, denn die neu formierte 2. SS-Panzerdivision griff von Nordosten aus an, um die Durchbruchstelle offen zu halten. Am 19. um 19.20 h hatten sich die Polen mit den Amerikanern in Chambois verbunden. Die ganze Nacht hindurch standen die rückziehenden Truppen im Kugelhagel der Truppen auf Hill 262.

Am Morgen des 20. August gelang es General Meindl und dem 2. Fallschirmjäger-Regiment, eine Route von Saint-Lambert nach Coudehard, den sogenannten Todeskorridor, zu öffnen. Allein durch die enorme Zahl der deutschen Truppen konnte die Route offen gehalten werden und man konnte kaum noch unterscheiden was noch Angriff und was schon Flucht war. Den ganzen Tag über waren die Brücken von Saint-Lambert ein Inferno, in dem sich die verzweifelten Männer im Trommelfeuer über die Brücke kämpften. Die Polen wehrten alle Angriffe ab und hielten die dem

Kessel entfliehenden Truppen unter ständigem Beschuß. Dabei erlitten sie auch selbst schwere Verluste und von den 1.560 Männern waren bis zum Abend nur noch 114 kampffähig.

Am folgenden Montagmorgen waren die Geschütze zur Ruhe gekommen. Die Kanadier waren endlich zu den Männern auf Hügel 262 durchgedrungen. Das Tal des Dives war eine Stätte der Verwüstung. Überall die Wracks von Fahrzeugen und Kriegsgerät und die Leichen tausender Soldaten. Der letzte Widerstand in Saint-Lambert erstarb gegen Mittag und auch kleinere Scharmützel waren bis zum Einfall der Nacht abgeklungen.

Die Hälfte der deutschen Truppen war geflohen, doch der Großteil ihres Kriegsguts war zerstört und 40.000 Männer waren gefangengenommen worden.

**OBEN: Schlaff hängen die Flaggen der Alliierten in der sommerlichen Hitze am Ehrenmal, das an den Kampf der Polen auf Montormel erinnert.**

**▶BEN: Die Front ist un weit im Osten nd jeder Friede at seinen Preis. ngesichts der halben lillion Gebäude, die öllig zerstört oder eschädigt wurden, der 4.000 Toten und ausenden erwundeten, sollte an auch nie die eiden der anzösischen ivilbevölkerung ergessen.**

Anerkennungen

Text: Martin Marix Evans, mit zusätzlichem Material von William Jordan.

Fotografie: Martin Marix Evans sowie David Playne und Jill McNeil.

Bildquellen: Imperial War Museum (IWM); The Tank Museum (TM); Robert Capa/Magnum Photos; Bundesarchiv (B); National Archives, Washington DC (NA); Camera Press (CP); D-Day-Museum, Portsmouth (Vordere Umschlagseite eingesetztes Bild unten rechts und S. 3 oben) und Public Record Office (Vordere Umschlagseite eingesetztes Bild oben links – INF 13/122/6).

Redaktion der englischen Originalausgabe: Stephen Brooks, D-Day Museum; Graham Holmes, The Tank Museum; Lt Col Terence Otway.

Grafische Gestaltung: Adrian Hodgkins Design, Oxford. Umschlaggestaltung: John Buckley.

Übersetzung: Ingrid Price in Zusammenarbeit mit First Edition Translations Ltd, Cambridge, UK.

Landkarten: The Map Studio, Romsey, Hants, England.

Druck in GB.

ISBN: 978-0-85372-739-2                    10/13

Weitere Informationen zu den Stätten des Tages X in der Normandie, erhalten Sie bei:

www.memorial-caen.fr
www.bayeux-tourism.com   www.arromanches.com
www.airborne-museum.org  www.normandy1944.com
www.museememorialpegasus.com

# DER LÄNGSTE TAG

*Am 6. Juni 1944 begann die größte Landungstruppe aller Zeiten die Befreiung Frankreichs und Europas durch die Alliierten. All jene, die D-Day und die anschließenden blutigen Kämpfe überlebten, werden die bittersüßen Erinnerungen an diese bedeutsamen Stunden nie vergessen, die für viele auch zum Augenblick des höchsten Opfers wurden. Wir laden Sie ein, die Strände, Wahrzeichen, Museen und Heldenfriedhöfe der Normandie zu besuchen, um den Baumeistern und Zeugen dieser außergewöhnlichen Leistung die ihnen gebührende Ehre zu erweisen.*

RAYMOND TRIBOULET, OBE
Président du Comité du Débarquement, 1945–1999

## DIE WICHTIGSTEN MUSEEN DER NORMANDIE*

A: **Arromanches.** Arromanches 360° et Musée du Débarquement.
B: **Avranches.** Musée de la Seconde Guerre Mondiale.
C: **Azéville/Crisbecq.** Les Batteries.
D: **Bayeux.** Musée Mémorial de la Bataille de Normandie, 1944; Musée Mémorial du Général de Gaulle.
E: **Bénouville.** Musée Mémorial du Pont Pégasus.
F: **Caen.** Le Mémorial: Un Musée pour la Paix.
G: **Cherbourg.** Fort du Roule, Musée de la Libération.
H: **Douvres-la-Délivrande.** Musée Radar.
I: **Grandcamp-Maisy.** Musée des Rangers.
J: **Longues-sur-Mer.** Les Batteries.
K: **Merville-Franceville-Plage.** Musée de la Batterie de Merville.
L: **Montormel.** Musée Mémorial de la Bataille de la Poche de Chambois-Falaise.
M: **Ouistreham.** Musée du Mur de l'Atlantique; Musée N°4 Commando.
N: **Pointe du Hoc.** Site de champ de bataille.
P: **Port-en-Bessin.** Musée des Epaves sous-marines du Débarquement.
Q: **Quinéville.** Musée de la Liberté.
R: **St-Laurent-sur-Mer.** Musée Mémorial d'Omaha Beach.
S: **Ste-Marie-du-Mont.** Musée du Débarquement (Utah Beach).
T: **St-Martin-des-Besaces.** Musée de la Percée du Bocage.
U: **Ste-Mère-Eglise.** Musée des Troupes Aéroportées (Airborne Museum).
V: **Ver-sur-Mer:** Musée America/Gold Beach.
W: **Vierville-sur-Mer.** Musée du jour J d'Omaha.
X: **Courseulles.** Le Centre Juno Beach.

## HELDENFRIEDHÖFE*

### Amerikanisch
1: Colleville-Saint-Laurent
2: Saint James und US Interpretive Center

### Britisch
3: Banneville-Sannerville
4: Bayeux
5: Brouay
6: Cambes-en-Plaine
7: Chouain (Jérusalem)
8: Douvres-la-Délivrande
9: Fontenay-le-Pesnel
10: Hermanville-sur-Mer
11: Hottot-les-Bagues
12: Ranville
13: Ryes
14: Saint-Charles-de-Percy
15: Saint-Désir-de-Lisieux
16: Saint-Manvieu
17: Secqueville-en-Bessin
18: Tilly-sur-Seulles

### Kanadisch
19: Bény-sur-Mer-Reviers
20: Bretteville-sur-Laize-Cintheaux

### Polnisch
21: Grainville-Langannerie

### Französische
22: Nécropole des Gateys

### Deutsch
15: Saint-Désir-de-Lisieux
23: La Cambe
24: Huisnes-sur-Mer
25: Marigny-la-Chapelle
26: Orglandes

*\* Die Zahlen und Buchstaben neben den Namen markieren den jeweils auf der Landkarte auf Seite 1 gegebenen Ort.*

## MUSEEN IN ENGLAND

**Aldershot.** Airborne Forces Museum.
**Bletchley Park.** The Mansion.
**Bovington Camp, Wareham.** The Tank Museum.
**Chichester.** Tangmere Military Aviation Museum.
**Dover.** Dover Castle.
**Duxford.** Imperial War Museum.
**Gosport.** The Royal Navy Submarine Museum; Explosion! Museum of Naval Firepower.
**Hendon.** RAF Museum.
**London.** Imperial War Museum.
**Middle Wallop.** Museum of Army Flying.
**Portsmouth.** Royal Naval Museum.
**Romsey.** Broadlands (the Mountbatten Exhibition).
**Southampton.** Hall of Aviation.
**Southsea.** D-Day Museum; Royal Marines Museum.
**Trafford, Manchester.** Imperial War Museum North.
**Weymouth.** Nothe Fort.

## MUSEEN IN DEN VEREINIGTEN STAATEN

**New Orleans.** National D-Day Museum
**Bedford, Virginia.** The National D-Day Memorial.
**Washington DC.** The World War II Memorial.

**GROSSES UMSCHLAGBILD: Das 48. Royal Marine Commando landet in St-Aubin-sur-Mer, 6 Juni 1944. (CP)**

PITKIN
GERMAN
ISBN 978-0-85372-739-2
9 780853 727392

# IEPER
## IN OORLOG EN VREDE

EEN PITKIN-GIDS MET
PLATTEGRONDEN VAN DE STAD EN DE SLAGVELDEN